VUODET TOIVOA TÄYNNÄ

VUODET TOIVOA TÄYNNÄ

Runoja ja ajatuksia toivosta, rohkeudesta
sekä olemassaolosta

Kaarina Tiihonen

Kustantaja: BoD - Books on Demand, Helsinki, Suomi
Valmistaja: BoD - Books on Demand, Norderstedt, Saksa
ISBN – tunnus 978-952-80-6881-5

SISÄLTÖ

11. JOS KIRJOJA EI ENÄÄ KIRJOITETTAISI

Vanhoilla sanoilla uutta luomaan

JOS KIRJOJA EI ENÄÄ KIRJOITETTAISI

Mitä tapahtuisi,
jos kirjoja ei enää kirjoitettaisi?
Ovatko sanat kuluneita,
käytössä rikkoutuneita?
Voiko niitä korjata,
parsia ja paikata?

Sanat syntyvät uudestaan,
kun lapsi oppii puhumaan.
Jokainen sana on ilon aihe,
nimi leikille ja sadulle.

OIKEILLA SANOILLA RAUHAA

Jos kaikki ihmiset
osaisivat käyttää
oikeita sanoja,
oikealle kuulijalle,
oikeaan aikaan,
voisivatko sodat loppua
pysyvään rauhaan?

ETSIN ILOISIA SANOJA

Minulla on vain sanoja,
joita ei kukaan halua.
Etsin kovasti sellaisia,
joista joku voisi ilahtua.

PERUSTETAAN TEATTERI

Hei, perustetaan teatteri,
sille nimeksi Monsteri.
Keksitään näytelmä omasta päästä,
ettei Teosto meille maksuja säädä.

Tule mukaan seniori,
kelpaa vähän nuorempikin.
Talon piha näyttämöksi,
naapureita yleisöksi.

Vihtorin uudet seikkailut-
näytelmä olisi hupailu.
Juonen käänteet improvisoidaan,
rooliasut itse valitaan.

Kuuluisuutta emme voi välttää,
siis punaisella matolla nähdään.

15. SAUNA, SAHTI JA RAKKAUS
Saunan kasvattamat elämää rakastavat

LÄHDE KIPU ÄMMÄN SELÄSTÄ

Lähde kipu ämmän selästä,
kiukaan hengiltä anelen,
että kipuni kurja katoaisi,
saunan piipusta pakenisi
tuulen tuimille turuille.

Ennen impenä iloitsin,
askareissani hymyilin.
Annoin lempeä armaalleni,
vaimoksi pääsin rakkaalleni.
Piltit pulleat pesän täytti.

UKKOKULTA KARKUUN LÄHTI

Vaihtuivat vuodet vilkkaasti,
katosi nuoruus ikiajoiksi.
Ukkokulta karkuun lähti,
vanhan akkansa yksin jätti.
Maailma lapset pois houkutti.

Kasvoi kiukusta kipu kamala,
kalvoi kippuraksi joka nikaman.
Saunassa saapi helpotuksen,
löylyssä pois kolotuksen.
Vihta vinhasti selkää mäiskii.

MISTÄ UUDEN UKON LÖYDÄN?

Mistä uuden ukon löydän,
syömään eineet ruokapöydän,
kamariini kaulavyöksi,
supattamaan suviyöksi?
Hiljaa huokaa pihapuu.

KAIPUU AKKAA KORVENTAA

Vaikka kipu ämmää kalvaa,
suussa sokeri vielä sulaa.
Arkena antaisin ukolle suuta,
pyhänä lisäksi jotain muuta.
Kaipuu akkaa korventaa.

KARAOKEEN MATKUSTAN

Otan pyhämekon komerosta,
silkkihuivin laatikosta,
käännän kutrit kiharalle,
näyttää akka komealle.
Karaokeen matkustan.

KÄYN MONREPOOTA LAULAMAAN

Käyn Monrepoota laulamaan,
saan miehen siihen mukaan.
Tuo saatillekin tahtoo tulla,
jo löytyy uusi ukkokulta.
Kesäyö aamuksi vaihtuu.

KESÄHÄITÄ TANSSITTIIN

Kesähäitä kylällä tanssittiin,
jenkkaa joukolla poljettiin.
Hiki joka otsaan kihosi,
juotiin sahtia avuksi.
Aamuun asti kurttu soi.

UUSI UKKOKULTA

Sai ämmä uuden ukkokullan,
omakseen sulhon ahkeran.
Kamarissa alkoi lemmentyö,
valvottiin joka ikinen yö.
Kuukin taivaalla kuumotti.

LEMMEN TOIMET KAMARISSA

Lemmen toimet kamarissa rasittivat,
ämmän selkää kivut kuluttivat.
Ei vaimo kehtaa ukolleen kertoa,
ongelmastaan puhella,
lähti saunaa lämmittämään.

SAMA VAIVA KUMMALLAKIN

Istui pariskunta löylyssä hikoillen.
Siinä vaimo virkkoi varoen,
että vaikka hyvä on yhdessä olla,
päivät pitkät kartanolla,
niin selkäruoto lepoa kaipaa.

Ukkokulta ratkesi nauramaan,
vaimoa vieressään halaamaan.
Älä huoli muorikulta,
sama vaiva on myös mulla.
Helpotus sydämessä asti tuntuu.

ELÄVÄN LESKI

"Mistä uuren ukon löyrän," sano akka,
kun sulho karkuun pääsi.

"Onneksi ei ollut sahtituoppi,"
sano renki,
kun maito maahan kaatu.

"En oo polttanu viäl yhtään kessua,"
sano eukko,
kun nukutuksesta heräsi.

25. VIISAUTTA ETSIMÄSSÄ
Mietteitä epävarmuuden vaikutuksesta

ELÄMÄ TULI VALMIIKSI

Hänellä oli kiire elämään,
kiire tarttua ensimmäiseen
mahdollisuuteen,
ettei jäisi ilman,
jos ei saisi tilaisuutta enää.

Hän ei voi tietää
olisiko saanut muita
ystäviä, rakastettuja, työtovereita.

Hän valitsi nopeasti,
eli nopeasti,
oli hetken onnellinen.

Elämä tuli valmiiksi
liian nopeasti.
Ylimääräistä aikaa jäi liikaa
pitkään yksinäisyyteen.

MUUTTUVAA ENERGIAA

Minussa on niin paljon rakkautta,
että se ei voi koskaan kadota.
Sen energia muuttaa muotoa,
kun joskus poistun ajasta.

MYÖTÄTUNTO

Ymmärrys, myötätunto
parantaa.
Kysy itseltäsi:
Miten sinä oikeasti voit?
Vastaa rehellisesti
ja hyväksy vastauksesi.

KOSKETA SIELUA, IHOA

Kysy rakkaasi vointia,
kuuntele, ole läsnä,
halaa,
kosketa sielua
ja ihoa.

SINÄ OLET ARVOKAS

Sinä olet arvokas,
juuri sellaisena
kuin olet.

Sinä olet tärkeä
perheellesi,
rakkaillesi,
itsellesi.

VIIMEINEN KYSYMYS

En uskalla kysyä
sinulta viimeistä kysymystä.
Rakastitko minua?
Olisitpa vain kävellyt ohitseni.

Minun rakkauteni sinuun
täytti koko sieluni,
eikä muulle jäänyt tilaa.

Rakensin uuden sielun
pienistä murusista.
Siitä tulikin niin vahva,
että mikään ei voi sitä enää rikkoa.

ELÄMÄ ON KUIN MERIMATKA

Elämä on kuin merimatka.
Lähdemme satamasta
toivoen lempeitä tuulia.

Voimme tulla merisairaiksi
tai joutua myrskyn silmään.

Perille päästyämme
olemme oppineet kohtaamaan
pelkoa ja koettelemuksia.
Niin elämä meitä opettaa.

31. JUHANNUS
Yöttömän yön ylistystä

LAPSUUDEN JUHANNUS

Lapsena juhannus
oli kansallispukuja, tanhutansseja,
nuotiomakkaran tuoksua
Seurasaaren grillikatoksessa.
Äiti kesämekossaan,
pikkusisko rattaissa,
keltaisessa hatussaan,
itselläni uudet polvisukat
remmikengissä.
Isi oli töissä.

JUHANNUSHÄISTÄ HAAVEILLEN

Neitona haaveilin juhannushäistä
Karunan kirkossa,
hevoskyydissä valkoinen huntu
liputtaen rakkautta.

MÖKKIJUHANNUS

Perheenäitinä mökkijuhannusta
vietettiin suurella joukolla,
rakas aviomieheni ja pienet pojannassikat,
omat vanhemmat
ja sisar puolisoineen,
avio-onnensa alussa,
iloista touhua,
saunomista järven rannalla,
uusia perunoita, lohta ja
marmorifilettä, nakkeja,
juhlaolutta ja marjamehua.

Naapureiden kanssa kokkoa ihailtiin,
yhdessä kansanlaulu laulettiin

JUHANNUSILTA PARVEKKEELLA

Juhannukset seurasivat toisiaan,
nopeasti vuodet kuluivat.
Minulle juhannus muistuttaa,
lyhyen kesän sanomaa.
Mieli suveen virittyy
yöttömän yön väreilyyn.
Linnut laulavat,
kukat hehkuvat,
mansikat maistuvat,
ikiomalla parvekkeella.

KIITOLLISUUTTA JUHANNUSAATTONA

Jälleen juhannusaattona
kuuntelen yksin musiikkia
ajatellen menneitä aikoja,
ihania muistoja,
kiitollisena kaikesta hyvästä,
joka jälkeeni jää elämästä.

37. OLEMASSAOLO ON VAIKEA LAJI
Se täytyy itse opetella

KIIRETTÄKÖ KAIPAISIN?

Minussa on jotain vikaa,
kun nautin olla vapaa,
ihan yksin vaivoineni.
Olen suuri huoli lapsilleni.

Tuttavatkin kyselevät:
Miten sujuvat eläkepäivät?
Kiireitäkö kaipaisin,
työelämään takaisin?

KIPU EI LÖYDÄ SINUA

Kipua täytyy paeta,
kunnes voimat loppuvat,
eikä kipu enää löydä sinua.

PUNAISET KENGÄT MUKAVAT

En enää pukeudu mustaan,
vaan valitsen värin kirkkaan.
Heitän pois vanhat tallukat
ja ostan punaiset kengät mukavat.

Hiuksiin hiukan väriä,
ja kasvoille paljon hymyä.
Vaikka voimat vähenevät,
tulee minullekin kevät.

HYBRIDIELÄMÄÄ

Autot ovat hybridiä,
energia samoin.
Palvelut muuttuvat sellaisiksi.

Jopa sotaa hybridisti käydään,
kyberhyökkäyksiä tehdään.
Vanhaa ja uutta samassa paketissa,
monimuotoisia tapoja.
Sitähän se hybridi tarkoittaa.
Siihen nykyaika meidät pakottaa.

Sorrun ajatteluun vanhaan,
miten helppoa olisikaan
palata tapaan entiseen,
unohtaa kaikki tietokoneet.

TURVALLINEN HILJAISUUS

Hyvä omatunto
suo turvallisen hiljaisuuden,
joka antaa voimia
ja eheyttää.

Hiljaisuus on paljon enemmän
kuin äänettömyys.

UUDEN SUKUPOLVEN MAAILMA

Uuden sukupolven harteita
painaa uhkaava maailma.
Miten välttää sotia,
voittaa pandemia?

Miten pelastaa luonnonvarat,
samalla opiskella elämän salat,
etsiä sellainen leipäpuu,
johon elämä turvautuu?

ASIAT JÄRJESTYVÄT AINA

Salli itsellesi tauko,
kokonainen hetki,
siirrä ongelmat sivuun.
Raivaa mieleesi polku,
jota pitkin pääset
mielesi vapaaseen tilaan.

Hengitä, sulje silmäsi.
Päästä irti vahvuudesta.
Tee siitä itsellesi voima-ajatus.
Päästä irti.
Asiat järjestyvät aina.

43. ELÄKÖÖN RAUHA JA RAKKAUS

Kukkaiskansan uusi kukoistus

RAUHAA JA RAKKAUTTA KAIKILLE

Kukkaseppeleen päähäni asetan,
puen ylleni mekon kauneimman.
Osallistun mielenilmaukseen,
johon teen oman julisteen.

Rauhaa ja rakkautta kaikille,
myös entisille vihollisille.

Lähdetään joukolla laulamaan
vanhaa elämän sanomaa.
Yhdessä olemme vahvoja,
kun autamme toisia.

TEHKÄÄ VAUVOJA, EI SOTIA

Nuoret parit, tehkää vauvoja,
kavahtakaa sotia.

KUKKAISAATTEEN VAPAUS

Etsin vanhan Vihtorin
hymyillen silmin iloisin.
Jos tuo mukaan tulla uskaltaa,
tarjoan kotiviiniä hehkuvaa.

Eläköön rauha ja rakkaus,
kukkaisaatteen vapaus.

KUKKAISKANSA RAUHANMARSSILLE

Nyt kukkaiskansan 1960-luvun,
rauhanmarssille kutsun.
Vaikka vanhuksia olemme,
rauhaa ja rakkautta kannatamme.

SOTILAAT ASEENNE LASKEKAA

Äidit ja isät lapsenne noutakaa
sotatantereilta kotiin vaan.
Sotilaat aseenne laskekaa,
takaisin työhön palatkaa.

47. RAKKAUSTARINA

Nuori Vilhelmi ja
morsiamensa Saara
häitänsä taannoin tanssivat.
Kuusi vuosikymmentä sitten
yhteiselon aloittivat.

Oman kodin nuoret rakensivat,
kolme lastakin siellä varttui.
Avioparille ikää karttui,
yhä kauniisti toisiaan rakastivat.

Erotti sairaus vanhan Vilhemin
vaimostansa Saarasta.
Joutuivat he eri laitoksiin,
kauas toisistansa.

Loppuelämänsä erillään
joutuivat mies ja vaimo elämään.
Viimein kuolema sai Vilhelmin,
jäi Saara maailmaan yksin.

Kuihtui ajasta pois myös Saara,
kenkälaatikossa hääkuva kellastuu.
Tuhkauurnat saivat päällensä maata.
Nimet kivessä, alla taivaan haalistuu.

Tämä tarina on tosi,
vaan en sitä ymmärtää saata,
miksei samaa huonetta aviopari
voinut millään saada.

49. LAPSET PUHUVAT ERI KIELTÄ

Tarinoita lapsista ja aikuisista

MINÄ OLEN VILLE

Tänään saa jokainen kertoa
omasta perheestään juttuja.
Ville sai vuoron aloittaa
ja kuvankin piirtää, jos haluaa.

Minä olen Ville, viisi vuotta,
täytän kohta kuusi.
Minulla on monta kaveria,
joista Heide on ihan uusi.

Minulla ei ole sisaruksia ollenkaan,
mutta Miiru-kissa kotona odottaa.
Se tykkää kovasti kalasta
sekä leikkiä vanhalla tossulla.

VILLE TYKKÄÄ LIHAPULLISTA

Minusta lihapullat ovat parhaita,
lisäksi perunasosetta ja maitoa.
Jalkapalloa osaan pelata
sekä polkupyörällä ajella.

JOULUKIRKKOON VEHKALAHDELLE

Jouluisin matkustamme
aina Vehkalahdelle.
Viemme aattona kynttilän
mummin haudalle.

Joulukirkossa on kaunista,
kun pappi kertoo Jeesus-lapsesta,
ja laulamme enkelistä taivaassa.
Tähti loistaa pihakuusen latvassa.

AISHALLA ON UUSI YSTÄVÄ

Aisha kotipihalla hyppeli
äitiänsä odotteli,
että pian lähdettäisiin
päiväkotiin käveltäisiin.

Vihdoin äiti ovelle tuli,
kauniissa hijabissaan.
Pian äidin ilme hymyyn suli,
kun tyttö puheli innoissaan.

Aisha oli saanut uuden kaverin,
kun Heide samaan ryhmään tulikin.
Olivat tytöt leikkineet heti,
vaikka äidinkieli olikin eri.

HEIDE JA AISHA

Heide oli tullut pohjoisesta,
saamelaisten maisemista.
Aishan perhe oli Somaliasta,
kaukaa Afrikasta.

PÄIVÄKODISSA

Päiväkodissa on kivoja tätejä,
jotka osaavat järjestää leikkejä.
Niihin kaikki voivat osallistua
eikä kenenkään tarvitse nolostua.

Lapset ovat taitavia oppimaan,
uusia sanoja toisiltaan.
Sillä tavoin leikit sujuvat,
vaikka kieli olisi suomi,
saame, somali tai
viittomakieli.

SOMALIA ON AFRIKASSA

Aishaa ensin ujostutti,
kun tuli hänen vuoronsa kertoa
muille lapsille omasta kodista.

Aisha ja pikkuveli syntyivät Suomessa,
muu perhe muissa maissa.
Vain isä ja äiti ovat asuneet Somaliassa.
Se on maa Afrikassa.

Aishan suuressa perheessä
on kuusi lasta sekä äiti ja isä.
Kotona puhutaan somalia,
mutta muualla myös suomea.

Äiti tekee perheelle hyvää ruokaa.
Tyttö syö mieluiten riisiä ja kanaa.
Isä opiskelee hoitajaksi.
Aisha aikoo opettajaksi.
Perheen pyhä kirja on Koraani,
sitä Aisha lukee, kun kasvaa suureksi.

TYTTÖ PIIRSI KUVAN AFRIKASTA

Tyttö piirsi kuvan Afrikasta,
jossa ei ole lunta ollenkaan.
Aurinko paistaa kuumasti,
ja välillä sataa vaan.

Heide kysyi innoissaan:
"Oletko nähnyt leijonaa?"
Aishaa ihan nauratti,
kun ystävälleen vastasi:

"Olen nähnyt myös norsun
sekä kirahvin!"
Ville matkii leijonaa
ja komeasti karjahtaa.

SUURIA ELÄIMIÄ VÄRIKYNILLÄ

Kaikki lapset saivat värikynät,
joilla suuria eläimiä piirsivät.
Heide kertoi illalla kotona:
"Tiedän, missä on Somalia."

HEIDE LAULAA NUKELLENSA

Heide kertoo muille lapsille,
että kotona saamea puhutaan.
Jos tyttö ei iltaisin unta saa,
isä saameksi univirren laulaa.
Se lapsen mieltä rauhoittaa.
Ljuuli, ljuuli – laaul.

Samaa virttä nukellensa
Heide usein laulelee
ja samalla sen peittelee.
Nukella on nuttu punainen
sen helmaa punos kiertelee.

HEIDEN VELI

Heiden veljen nimi on Juoksa.
Hän on jo oikeassa koulussa.
Välillä veli kiusoittelee
siskoansa kotona.

HEIDEN OMA PORO

Heiden suku asuu Suomen Inarissa,
hoitaa porojaan tunturissa.
Tytöllä on ihan oma poro,
josta huolehtii Iskko-eno.

Heide on tuonut kuvan porosta,
jota kaikki lapset saivat katsoa.

OLETKO NÄHNYT JOULUPUKKIA?

Ville kysyy Heideltä:
Oletko nähnyt Joulupukkia,
joka asuu Korvatunturilla?
Olenhan minä, tyttö vastaa.
Hiukan minua pelotti,
kun äidin helman takaa
pukkia kurkistin.

KARUSELLISSA

Hei, hei, hei ja karuselli vei
kaverukset korkealle,
kukaan pelännyt ei.

Hei, hei, hei ja karuselli vei
Villen pipon pilviin asti.
Se poikaa harmittanut ei.

Hei, hei, hei ja karuselli vei
Aishalta rusetin.
Sitä tyttö huomannut ei.

Hei, hei, hei ja karuselli vei
Heiden lakin punaisen.
Silloin lapsi huudahtikin: SEIS!

Karuselli pysähtyi kokonaan.
Kaikki lapset nauroivat vaan,
kun silmissä vilisivät taivas ja maa.

LOTAN SYNTYMÄPÄIVÄT

Heide, Aisha ja Ville
kutsuttiin syntymäpäiville.
Kutsujana oli Lotta,
joka täyttää kuusi vuotta.

Tyttö käyttää pyörätuolia
sekä puhumiseen viittomia.
Selkävamma haittaa kävelemistä.
Kuulon heikkous puhumista.

KUUSI KYNTTILÄÄ LOTAN KAKUSSA

Kuusi kynttilää koristi kakkua.
Lotta yhden kerran puhalsi,
saivat liekit heti sammua.
Lotan äiti hauskan hetken kuvasi.

LAPSET PUHUVAT ERI KIELTÄ

Lotta on iloinen ystävistään,
vaikka joskus on vaikeaa
ilmeiden tarkoitusta ymmärtää.

Heide on tullut Saamenmaalta,
Aishan perhe on Somaliasta.
Ville puhuu suomea.
Vain Lotta on viittomakielinen.

ON AIKA JUHLIA JA LEIKKIÄ

Kun kakku on syöty ja
Lotta saanut lahjat sekä halaukset,
on aika juhlia ja leikkiä,
kaikki haluavat pelata Sanapeliä.

SANAPELIÄ PELAAMAAN

Kiitos-sanaa arvuuteltiin,
miten muutoin sen voisi sanoa.
Heide tiesi kertoa, että giitu
on saameksi kiitos.

Aisha omalla vuorollaan
kertoi, että kiitos
on mahadsanid
somaliksi.

Sitten tuli Lotan vuoro
viittomakielellä näyttää,
miten kauniisti voi kiittää.
Kämmenpuoli ylöspäin

kättä hieman ojenna
ystävääsi päin.

Ville kertoi, että ennen kuin
kiitos sanotaan,
on seisomaan noustava
ja silmiin toista katsottava.

Aisha, Heide,
Lotta ja Ville
siitä päivästä alkaen edelleen
ovat hyvät ystävät toisilleen.

65. AIKA
Aika on pieni sana suuresta aiheesta

AJASSA

Aikaa ei voi nähdä,
haistaa eikä maistaa,
mutta sen avulla
mitataan vaikkapa etäisyyttä,
nopeutta tai ikää.

Kaikissa kielissä on sanoja,
jotka liittyvät aikaan kuten
vanha, uusi, nopea, hidas.

TÄMÄ PÄIVÄ ON TÄRKEIN

Menneeseen aikaan
emme voi palata.
Tulevaisuudesta
ei ole tietoa.

Nykyisyys,
tämä päivä,
on tärkein.
Tehdään siitä paras,
kuin se olisi ainoa.

KOULUVUOSI ON TAKANA

Kouluvuosi on takana,
ja edessä ansaittu
kesäloma.

Aurinkoisia päiviä,
hauskoja uintiretkiä,
lintusten laululeikkejä
ja kiireettömiä hetkiä,
paljon, paljon mansikoita,
makoisia mustikoita
sinulle toivottelen
ja hienosta koulutyöstä
onnittelen.

69. LUONTO
Ilmiöitä ja tunnelmia luonnosta

PIENENÄ TYTTÖNÄ MANSIKOITA MAISTOIN

Pienenä tyttönä mansikoita
poimin polun varrelta.
Niitä heinän korteen pujottelin,
kotimatkalla maistelin.

Nyt olen vanha,
selkä vaivaa,
ei onnistu hyppely
pitkin niityn laitaa.

Onneksi asun torin lähellä,
voin ostaa mansikoita siellä.

TAIVAAN TULINEN PATSAS

Myrsky nousee,
taivas mustuu,
sade maata piiskaa.
Juoksen, pakenen,
etsin suojaa, palelen.
Meri mustana mylvii.

Luontoa ei voi pysäyttää,
kun ukkonen kiviä pyörittää.
Taivaasta tulinen patsas
maahan asti välähtää.
Kallion juureen käperryn,
ympärillä raivoisa hävitys.

AURINKO PALAA SYLEILLEN

Myrskyn jälkeen
aurinko palaa syleillen.
Näen jäljet jättiläisen,
pois täältä häipyneen.
Pikkulintu oksaltansa
ilmoittaa vaaran päättyneen.

KAUPUNKILAISEN KAIPAUS

Kaupungissa yksin asuva
kaipaa luonnon kosketusta:
Ruohomatto jalkain alla,
lempeä sade iholla.
Pian näkyy muuttolintuja!

Järvenranta, kaislikko,
yöttömän yön aurinko,
muistoina kulkevat mukana,
keskellä pimeintä kaamosta.
Talvi on pitkä kerrostalossa.

KEVÄISET HIIHTORETKET

Ikää nopeasti karttuu,
askel kohta hidastuu.
Ajatuksin lapsuuteen,
palaan aikaan menneeseen.

Hiihtoretket keväiset,
hurjat ladut mäkiset,
alas asti laskettiin,
hauskaa oli, naurettiin.

PIENET PUROT

Aurinkoisilla rinteillä
oli sulaneita pälviä.
Pienet purot kirkkaina
uhmasivat hankia.

Metsä on aina minulle
rakkain koti sielulle.
Silmät suljen, kuuntelen,
ääniä lintujen ja tuulen.

77. KOHTI KULTAISTA IKÄÄ
Yhteiskunta hyötyy onnellisista kansalaisista

VANHUUS VOI OLLA KULTAISTA AIKAA

Vanhuus voi olla kultaista aikaa,
jolloin sielussa on sisäistä rauhaa.
Voit vanhanakin luottaa elämään,
sinusta huolta pidetään.

Emme saisi hukata
tuota aikaa kultaista.

ONNELLINEN TASAPAINO

Onnellinen ihminen
saavuttaa tasapainon,
myöntämällä oman itsensä arvon.
Onnellisuus lisää terveyttä,
vanhanakin riittää pirteyttä.

Päättäjät tähän tarttukaa,
tilastoistanne laskekaa,
mitä maksaa ajoissa kuntouttaa
väestöä vanhenevaa.

Kun vanhusten terveys säilyy,
laitoshoidon tarve vähentyy.
Kohenee myös laatu elämän,
saa kultainen ikä merkityksen tärkeän.

KULTAINEN IKÄ

Jokainen voi itse vaikuttaa,
milloin kultaisen iän saavuttaa.
Etsi elämästä asioita hyviä,
vaikka ne olisivat pieniä.

Hyvä mieli antaa energiaa,
vaikeuksiakin kohtaamaan.

Hylkää vihaiset asenteet,
et niitä tarvitse.
Sinussa on vahvuutta,
joka tuo rohkeutta.
Kipuja ja murhetta on kaikilla,
sinulla on oikeus saada apua.

SIVISTYNEEN MAAN HILJAISET

Kotihoidossa lähihoitajan asiakaslistalla
on kaksikymmentä osoitetta
saman työvuoron aikana.
Jokaisen luona on ehdittävä
auttaa vanhusta
suihkussa, ruokailussa,
lääkehoidossa
sekä muissa tarpeissa.
Sitten täytyy sairas vanhus yksin jättää
ja seuraavan luokse kiirehtää.

VANHUS EI AINA VOI KERTOA

Kuka kertoisi vanhukselle
sekä kaukana asuville omaisille,
miksi ulkoilua ei taaskaan
voitu koko vuonna toteuttaa?

Miksi vanhus istuu päivät pyörätuolissaan,
ympäri vuoden, kykenemättä kertomaan,
että juotavaa ei muistanut antaa kukaan?

TIETOA ON, TAHTOA EI

Miten voisi kotihoitoa parantaa?
Kun lasketaan hoitajamitoitusta,
on käytäntö kaukana teorioista.

Liian monen kotioven takana
odottaa vanhus apua.
Sen tuo väsynyt lähihoitaja.

TÄRKEÄT TARINAT

Isovanhempien nuoruudessa,
elettiin erilaisessa maailmassa,
sotien jälkeistä aikaa,
kaikesta oli pulaa.

Sotakorvauksia maksettiin,
tavarajunat itään lastattiin,
joka ikinen markka kuitattiin.
Suomen menestyksen takana
ovat isovanhempiemme tarinat.

Kuinka kukaan kehtaa väittää,
etteivät vanhukset ansainneet eläkkeitään?
Onko nykyinen hoitotyö niin kallista,
että ei ole varaa hoitaa vanhuksia?

85. UKRAINASSA ON SOTA
Venäjä hyökkäsi Ukrainaan 24.2.2022

UUTISTEN ERIKOISLÄHETYS

TV:n uutislähetyksen yläreunaa
peittää otsikko:
Euroopassa on sotatila,
Venäjä on hyökännyt Ukrainaan.
Epäusko ja hämmennys
hiipivät tajuntaan.

Uutiskuvissa kiovalaiset
jonottavat pankkiautomaateille.
Autoletkat suunnistavat
Puolan rajalle.

Isät saattavat perheitään
pakomatkalle turvaan
ja lähtevät itse sotaan.

TUHAT KOLMESATAA KILOMETRIÄ

Kylmäävä ajatus
saa veren hyytymään,
Suomen ja Venäjän
yhteistä rajaa
on yli tuhat kolmesataa
kilometriä.

PAHUUDEN PÄIVÄKIRJASTA

Venäjän toimet Ukrainassa
ovat kuin suoraan
pahuuden päiväkirjasta.
Ihmisten ja rakennusten lisäksi
tuhotaan ympäristö iäksi.

PIENI TYTTÖ TAHTOO ISÄN JA KISSAN LUOKSE

Pieni tyttö vaaleanpunaisessa
takissaan, istuu laukun päällä,
äiti vierellään ja
nukke sylissään,
ympärillä kerrostalon rauniot.
"Tahtoisin mennä kotiin
isän ja kissan luokse."

SLAVA UKRAINI

Ukraina taistelee urheasti
vapauden, demokratian
ja rauhan puolesta.

Venäjän raakalaismainen
hyökkäyssota on
rikos ihmisyyttä vastaan.

KUN ASEET VAIKENEVAT

Kun aseet vaikenevat,
taistelut päättyvät,
ihmiset palaavat takaisin sinne,
missä koti oli ennen.

Isät ja äidit rakentavat
uudet kodit,
raunioista nostavat.

SODAN JÄLKEEN

Lapset kouluihinsa palaavat,
heille opettajat jakavat
kynät, vihot ja kirjatkin uudet,
opiskeluun mahdollisuudet.

Turvallinen arkielämä
on lapsille tärkeä.

SÄRKYNEEN VOI KORJATA

Sota on haavoittanut
ihmisen sielua ja kehoa.
Perusturvallisuus on särkynyt
kuin saviruukku,
jonka voi koota palasista.

Särkyneestä ruukusta
ei tule täysin ehjä,
mutta se on silti
käyttökelpoinen.

UKRAINAN LAPSET

Lapset kasvavat
rakkauden voimalla,
lähimmäisten tuella.
Jälleenrakentaminen poistaa
yhteiskunnan näkyvät arvet.

Oppivatko Ukrainan lapset
tavoittelemaan rauhaa?

95. VAPAUS
Vapaa kansa voi elää rauhassa

OIKEUS MIELIPITEESEEN

Vapautta on oikeus
omaan mielipiteeseen,
sen ilmaisemiseen,
puhein, kirjoituksin,
yksin ja yhdessä
ilman pelkoa.

OIKEUS ÄIDINKIELEEN

Vapautta on käyttää
omaa äidinkieltään
kodeissa ja kouluissa,
työssä sekä julkisessa sanassa.

OIKEUS MATKUSTAA

Vapautta on matkustaa
vapaasti kotimaassa,
poistua sieltä ja palata.

OIKEUS ITSENÄISYYTEEN

Vapautta on elää rauhassa
luottaen, että maassa
vallitsee itsenäisyys,
rauha ja demokratia,
päättäjät on valittu
rehellisillä vaaleilla.

99. TOIVO
Hyvät teot pitävät toivoa yllä

ELÄMÄSI ENSIMMÄINEN AAMU

Ensimmäinen aamusi maailmassa,
kaikki ihmeet odottamassa,
seikkailujen kokijaa,
lasta poluille kulkemaan.
Äidin syli lämpöinen
on syntysija toiveiden.

LAPSEN SYNTYMÄ ON IHME

Lapsen syntymä on ihme
ja suuri siunaus.
Kaikki muu on joutavaa.
On parasta,
kun äiti olla saan.

Lapset aikuisiksi varttuivat,
omat perheet perustivat.
Eräänä päivänä kuulin uutisen,
olen saanut lapsenlapsen.
En heti käsittänyt,
että olen mummi nyt.

LEIKI LAPSI

Leiki lapsi,
leiki ja laula.
Säilytä mukanasi
satujen taika,
sillä ympärilläsi
on suuri maailma.

LAPSI JA KOIRANPETU

Mikä voisi olla somempaa,
kuin katsoa lapsenlapsiaan
juoksemassa kotipihalla
koiranpentu kannoilla?

Kun mummi tuota muistelee,
paistaa aurinko,
vaikka satelee.

MUMMILLAKIN ON PIKKUSISKO

Mummillakin on pikkusisko.
Vaikka jo vanhoja olemme,
lapsuusaika on meillä yhteinen.
Vieläkin muistamme laulut entiset.

Kaikki siskot ja veljet muistakaa
ja toisillenne sanokaa, että
maailman paras olet sinä minulle,
en koskaan tahdo mitään pahaa sinulle.

KONSERTTI VAPAUDEN PUOLESTA

Wienin filharmonikot
loihtivat musiikillaan
historiallisen tunnelman
sadoille kuulijoilleen,
rauhan ja vapauden puolesta.

Soittajat Itävallasta,
kapellimestari Latviasta,
Jäähyväisvalssi Ukrainasta
linnanpuiston pimenevässä illassa.

Suihkulähteet solisevat,
viulut yhtyvät äänimaisemaan,
puhaltimet ja rummut
kokoavat äänet yhteen
samaan tarinaan.

VUODET TOIVOA TÄYNNÄ

Vaikka eläisin satavuotiaaksi,
toivon aina näkeväni
aamun valon.
Jos silmäni eivät näe,
toivon kuulevani
lasten naurun.
Jos korvani eivät kuule,
toivon tuntevani
kosketuksen.

Voisinpa aina muistoissani käydä.
Jokainen vuosi on ollut toivoa täynnä.

SINUN TARINASI

Sinulla on tarina,
jonka haluaisin kuulla.
Kerrothan sen minulle,
jos kuuntelen ihan hiljaa.

Sinun tarinasi on tärkeä,
koska sinä olet sen elänyt
ja se on sinua muuttanut.
Sinun tarinasi.